COLLECTION ÉCRITURES/FIGURES
DIRIGÉE PAR MICHEL DELORME

SEPT ASPECTS D'AMADEUS ET LES AUTRES

SEVEN ASPECTS OF AMADEUS AND THE OTHERS

PAUL JENKINS

Sept Aspects d'Amadeus et les Autres

Seven Aspects of Amadeus and the Others

Galilée

ISBN 2-7186 - 0413-1   ISSN 0150 - 0740

Que le couteau s'éclipse et paraît la pierre.

Dans une danse sacrée ou peu s'en faut, Paul Jenkins marque la toile des traces de son mental. Chaque œuvre résulte d'une tension extrême entre corps et pensée. Qui apprivoise qui?

Outil de ce combat violent et maîtrisé, le couteau d'ivoire focalise un instant les énergies avant qu'elles ne s'épandent sur la toile. Le tableau relève du rite. Rien jamais chez Paul Jenkins n'est neutre.

Qu'il parle, écrive ou peigne, l'acte procède de la mise en condition. Par les voies qui lui sont propres, il atteint l'instant de sensibilisation où tout devient autre. Le geste acquiert une dimension différente. Les yeux, eux-mêmes, changent de nature. Ils regardent les couleurs, ils voient ailleurs, au-delà. L'œuvre apparaît comme l'image concrète d'une intention plus vaste. Paul Jenkins fait de sa vie l'instrument de sa recherche. Il joue des étoiles, gratte le ciel, sonde la terre et toujours investit la couleur et ses mystères. Il scrute les interstices, tente d'approcher les zones de rupture, de fractionnement, de passage. Là où s'insinuent de nouvelles interrogations. Il cerne la matière de toute son âme, de toutes ses forces pour en extirper les secrets, en exprimer la charge, s'y fondre et s'y mêler.

Que le couteau s'éclipse et paraît la pierre. Celle qui sera le réceptacle étonnant de la série de lithographies *Sept Aspects d'Amadeus et les Autres.* Savait-il cet étrange chaman de Jenkins ce que lui rendraient les pierres. Savait-il que ce nouveau corps à corps lui renverrait des formes et des images que son inconscient réprimait. Savait-il que ces pierres inertes dès qu'il les caresserait, les rongerait, libéreraient de vieux démons ou des compagnons de solitude dans sa quête d'absolu. Savait-il enfin que l'encre et ses couleurs, la machine et la pierre confondues livreraient ces paysages cérébraux où l'on ne sait plus très bien si l'inquiétude domine, l'émerveillement triomphe; paysages cérébraux où les ombres témoignent. Une chose est sûre avec *Sept Aspects d'Amadeus et les Autres,* Jenkins côtoie ceux qui savent parler aux anges, fréquenter les abysses, lever un coin du voile.

Extraire des entrailles de la pierre des êtres exceptionnels ou anonymes entraînés dans la grande aventure, c'est l'extravagant pari de cette série/sarabande à laquelle Jenkins nous convie. Maître de ballet, maître tout court ou derviche, à force de concentration Jenkins réveille de grands endormis pour une dernière cérémonie, un ultime soubresaut... où précisément la volonté d'exprimer une continuité abstraite et palpable entre ceux qui au-delà du temps, connus ou inconnus, cherchent à comprendre. L'homme s'inscrit dans l'univers et inversement. La matière et l'esprit sont indissociables.

Les *Sept Aspects d'Amadeus et les Autres* témoignent de cette chaîne, procèdent de ce mouvement.

Quêteurs d'absolu, leur démarche est salvatrice.

Personnages d'exception, leur champ d'exploration est celui de la mort, de la vie, de la vie dans la mort. Ils ouvrent des espérances autant qu'ils suggèrent des angoisses. Paul Jenkins est de ceux-là.

Le couteau souvent, la pierre plus rarement, l'accompagne dans sa réflexion, l'aide dans sa révélation d'images abstraites où les ombres parfois ont les allures d'Amadeus, de quelques Autres...

Michel Faucher
mars 1992

cher Michel Faucher,

Mille pardons pour ce formalisme. Il trouve sa raison d'être dans mon désir de vous présenter une maîtresse qui occupe une place importante dans mon existence. En l'occurrence, elle est de pierre et implacable. Je l'ai rencontrée pour la première fois avec Fernand Mourlot, le grand-père de Franck Bordas. De mon côté, je lui suis à jamais resté fidèle en dépit de nombreuses tentatives pour abandonner sa demeure, mais toujours sans succès. Je revenais et elle – les pierres – semblait me pardonner.

Avez-vous remarqué que j'ai écrit "elle, les pierres"? Comme *phenomena*, elle est plurielle parce que son image est générée par plusieurs pierres.

Il y a une alternative. Celle de l'artiste qui crée grâce à la presse ou la presse qui crée grâce à l'artiste. Ou une autre façon de le dire: ces lithographies qui sont créées *par* la machine et ces lithographies qui sont créées *sur* la machine.

Pour moi, les progressions de couleurs sont une manifestation créatrice et non pas une quelconque forme de reproduction en couleurs.

Quand la pierre est mise en mouvement sur la presse et que l'impression est réalisée sur papier de Rives ou d'Arches, la pierre imprègne littéralement la feuille de couleur. La couleur ne reste pas en surface comme un patineur glissant sur la glace en ne laissant qu'une trace fugitive de son passage. Cette sorte de traitement blesse mes nerfs optiques parce qu'il est semblable à une bise et non pas à une étreinte ou, comme je viens de le dire, à une imprégnation. Ces lignes pourront vous paraître du jargon technique, mais à mes yeux, cela fait toute la différence. Je ne parle pas de pureté, je parle de ce qui pour moi est significatif. Voilà pourquoi j'ai essayé plusieurs formes de lithographie et d'expression graphique à l'exception de la gravure sur bois.

J'ai le souvenir de séries que j'ai réalisées sur aluminium. Je connaissais déjà depuis longtemps l'opérateur de la presse, nous avions construit un langage commun. Je voulais me prouver à moi-même que je pouvais mener à bien cet ouvrage avec résonance. L'honnêteté est la meilleure politique et j'avais cru (oui, j'avais cru!) que ces séries étaient parvenues à bon port. A la fin, j'en ai détruit la plupart. Fernand avait toujours été dans le vrai pour moi: "Il te faut des pierres".

Quant aux autres incursions, permettez-moi d'être un peu plus vulgaire. Je me suis réveillé, le lendemain matin, en réalisant que je m'étais couché avec une femme qui n'était pas celle désirée, j'étais déçu. Elle était belle, mais sans cœur, sans élans durables. Sur elle, la lumière n'était bonne que quand elle était précise.

Dans cette série que j'ai intitulée *Sept Aspects d'Amadeus*, une des lithographies, *Mozart in Hell*, pourrait être interprêtée comme une sorte d'incendie au paradis. Ces images ne se présentent pas à mes yeux comme des natures mortes; elles suscitent et prennent des impressions. Je parle de la forme existante ou de l'existence d'une forme qui palpite.

Le titre complet de la série est *Sept Aspects d'Amadeus et les Autres*. L'un de ces autres est *Hokusai in Hell*, un grand format vertical tiré sur un noir qui devient en réalité un gris ardoise profond quand les couleurs commencent à dominer. Elles se perdent et se retrouvent parce que le papier est très absorbant et avec un seul passage de la pierre, elles se manifestent sur le fond, opaques ou diaphanes. Les couleurs prennent vie un peu à la manière des laques japonaises, un résultat que j'aime particulièrement, avec des superpositions de jaune sur le vert ou le bleu. Une autre image sur noir est *Bride of Baudelaire*, avec son intrusion d'images succinctes. Nos vies sont d'éternels retours d'enfer et de paradis, de paradis et d'enfer, ou comme l'a suggéré un sage: "L'esprit est seul maître de lui-même et peut faire un paradis de l'enfer ou un enfer du paradis".

Une autre image insistante de cet enfer-paradis mais non sur noir, c'est *Mozart's Father's House of Cards*... Combien il est étrange de voir des personnes que nous n'avons pas connues, apparaître devant nos propres yeux et chercher refuge dans notre mémoire, à moins que ce ne soit nous-mêmes qui les poursuivions pour nous en souvenir? Cette question peut souvent être formulée de l'une ou de l'autre façon. La dualité ne me trouble guère, ayant appris à vivre trop longtemps avec elle pour abriter des pensées de Nirvana alors que je peux avoir à l'instant même mon enfer et mon paradis. C'est là mon territoire, mon véritable domaine.

Mais revenons maintenant aux vénérables pierres. Ne trouvez-vous pas plein d'ironie le fait de voir la pierre reculer silencieusement dans le champ de l'impression? Vous avez remarqué que j'ai dit "le champ"? Le champ est aussi une sorte de véritable domaine. Le langage meurt parce que la signification du vocable employé, comme zinc ou aluminium, est quelque chose sur lequel on glisse. "Dans le champ de" signifie "dans le pays de"... le pays d'où provient cette pierre donne du sang, et non pas d'une pierre vient le sang, à moins que le donneur ne soit lui-même un artiste travaillant avec un graveur qui connaisse les secrets de la pierre. Pour les deux, c'est un travail fastidieux, mettant les nerfs à rude épreuve, qui ne convient qu'à ceux qui en connaissent les arcanes et s'y consacrent avec amour.

Si vous pensez que cette lettre est en train de prendre la forme d'un sermon sur la montagne, vous pourriez bien avoir raison. Que ceux qui veulent prospérer se détournent de la pierre, et qu'y adhèrent ceux qui sont prêts à verser leur sang, en vérité je vous le dis.

Fin du sermon mais non pas fin de la lithographie.

Ce n'est pas une équation intellectuelle, pas davantage une prière mais un besoin très probablement suscité par le démon d'un imprimeur. Maintenant que nous avons appris à nous connaître l'un l'autre, Michel, comme si nous nous étions trouvés à bord d'un vaisseau voguant vers un port inconnu, je vous demande si vous aussi avez connu un certain aspect de l'enfer?

Une forme de paradis en enfer que je connais, c'est quand la pierre se révèle sous la pression du rouleau et avant l'épreuve de la pierre. Il y a ces feuillets appelés "macules" ou feuillets sacrifiés, qui font monter la température et provoquent une certaine exsudation dans le rendu de l'encre. La presse est semblable à une grosse poupée mécanique qui aurait été amadouée par le dompteur, Franck Bordas, et ses assistants, dans ce cas précis, Jackie et Thomas. Jackie alimente le rouleau, ressemblant davantage à un baleinier de Salem s'apprêtant à harponner un leviathan qu'à un Parisien, fumeur consciencieux de gauloises bleues. Il a ces yeux impassibles des joueurs professionnels qui ne laissent rien passer et ne trahissent aucune émotion. Vous ne pouvez pas voir Franck, il est partout à la fois sur la machine. De l'eau ici, davantage d'encre sur le rouleau là-bas. Et toujours prompt à répondre à l'appel de Thomas: "Cette pierre a soif!" Sans arrêt, Thomas enlève une feuille après l'autre, tout en manifestant cette imposture chère aux jeunes gens qui s'efforcent de paraître plus âgés qu'ils ne le sont ou ne le seront encore pendant une dizaine d'années.

De toute façon, en avant, en avant. EN AVANT! Puis HALTE: toutes les feuilles ont été tirées. Que reste-t-il à faire? Une succession de tâches méthodiques, pas forcément ennuyeuses mais qui doivent être accomplies avec conscience... la machine maintenant se languit. Un bar, deux bars et tous les autres pour les bleus outremer, la couleur Mère de la Profondeur et des valeurs harmonieuses de la grâce paradisiaque dans le ciel intégralement innocent, le miracle d'une vierge qui passe. Lavez la machine!

Au mieux, je suppose que je viens d'exprimer l'émotion que j'éprouve quand je suis confronté à la machine. Il n'y a pas de rythme avec la machine, avec la presse. Il n'y a qu'arrêt et départ. Songez simplement pendant combien peu d'années nous avons connu cet ami-ennemi. Il donne à l'humain et en même temps s'oppose à l'humain. Dans peu de temps, il y aura de moins en moins de personnes qui éprouveront ce besoin de la machine comme nous l'avons ressenti.

Mais revenons à ce que je viens de dire. N'oubliez pas la pierre sur laquelle sont tracés des signes et des empreintes. Quel bond en avant quand l'homme découvrit que mieux que du sang, le souffle humain pouvait jaillir de la pierre. Songez-y. On prétend que les Egyptiens ont scié les pierres de leurs pyramides avec des poudres abrasives et des outils mous. Devinez avec quels abrasifs? Devinez le matériau de l'instrument?

Quand j'approche la pierre, je perçois le bruissement d'un vent paisible dans les os qui entourent mes yeux et tout autour de mon front. Quel instant de silence quand le plus simple trait résonne comme un coup de tonnerre et que je suis projeté pour un moment dans son temps, et non plus dans le mien. Pierres. Ces pierres m'aident à demeurer anonyme et attelé à la tâche.

Paul Jenkins
mars 1992
Saint - Paul - de - Vence

POST-SCRIPTUM

Pour autant que vous puissiez appeler ainsi ce qui suit. Voici quelques nuits, j'ai reçu une visite, et comme le dit Jung, certains rêves ne sont pas des rêves mais des visitations. Celui-ci était clair et lucide, puis il disparut de ma vue comme un verre brisé tombant dans la rue depuis une fenêtre d'un troisième étage. Oui, il communiquait une sorte de violence potentielle et il s'est présenté sous la forme d'un pas-si-jeune Amadeus et d'un pas-trop-vieux Hokusai.

Vous pourriez dire qu'ils avaient été projetés en avant l'un sur l'autre et que c'était entièrement de mon fait, c'est du moins ce qu'ils assuraient.

A un moment donné, chacun d'entre eux aurait pu être une sorte de marionnette douée de parole, et l'instant suivant ils étaient semblables à des acteurs descendant de la scène et envoyant le metteur en scène au diable avant de s'en aller.

Mais je ne m'imaginais absolument pas qu'ils allaient s'exprimer par ma propre voix. Et pourtant, c'est ce qui est arrivé. Et quand ils m'ont interrogé aux fins de savoir pourquoi je les faisais tournoyer dans le temps et dans l'espace, je n'avais aucune réponse toute prête. Mais je sais une chose. Une fois que les morts se sont dressés dans votre esprit, vous devez les transporter de l'autre côté du profond rivage. Je suis le marinier, et seul le clapotis de l'aviron dans l'eau au cœur de cette nuit sans lune m'indique la direction.

D'abord, je les entendis se parler.

Amadeus: Hokusai, qui est cet homme qui nous rappelle?
Hokusai: Son nom est Jenkins-san.
Amadeus: C'est curieux. Dans mon quartier nous avons plusieurs Jenkins. Aucun rapport avec le Révérend Burris Jenkins?
Hokusai: Je vais le lui demander.
Amadeus: Quelle façon subtile de dire que la prochaine chose que vous allez faire sera de me conduire à lui.
Hokusai: Pas du tout. La seule chose pour laquelle je manque

de subtilité est de savoir ce que vous étiez en train de penser avant de penser cela. Vous n'avez aucun pouvoir, Amadeus, une fois que vous vous en êtes allé, pour résister au retour imposé à la fois par l'imagination ou les puissances du rêve.

Amadeus: J'en ai tout à fait conscience. J'ai même appris cela dans la maison de mon Père. Après tout, j'ai donné le jour à Don Giovanni à ma façon très limitée. Mais pourquoi se sert-il de moi? *Sept aspects d'Amadeus* au ciel et en enfer et – cela soit dit sans vous offenser – *les Autres* ? Je me débrouille très bien avec vous, mais je ne me soucie pas de rencontrer la mariée de Baudelaire. Merci bien, mais...

Hokusai: Ici aussi vous n'avez aucun choix. Aussi peu de choix que votre charmant visage immortalisé sur une boîte de chocolats suisses.

Amadeus: Assez curieusement, j'aime plutôt cela... Mais nous sommes en train de nous écarter de l'objet de ma plainte. Hokusai, j'en ai plutôt assez du ciel en enfer et de l'enfer au ciel. Je veux qu'on me laisse seul!

Hokusai: Si je ne me trompe, une personnalité d'exception a répété sans cesse la même chose. C'était comme un refrain. Amadeus, dans cette région, vous êtes semblable à cet oisillon que j'ai peint sur un bord de page et qui est devenu tellement réel qu'il a fini par s'envoler. Vous devez marcher pour l'éternité aux confins du cosmos et être connu à jamais.

Amadeus: Justement mon ami, si je peux vous appeler ainsi. Ma musique ne suffit-elle pas? Pourquoi moi? Je veux résider à la fois au ciel et en enfer. Ce n'est pas se trouver dans les limbes; c'est en venir aux faits.

Hokusai: Bien. Alors faites la paix avec cet enfer et ce paradis que Jenkins-san a projetés en vous.

Amadeus: Jamais!

Michel, j'entends le fracas du verre qui se brise! Alors ces images avancent silencieusement en force et me saisissent obliquement. Leurs différents aspects chavirent et se fragmentent encore, émergeant d'un creuset de rouges, de bleus et de jaunes.

18

Michel: Je ne vous suis plus très bien. Etes-vous en train de me parler d'Amadeus et de Hokusai ou de vos lithographies?

Jenkins-san: Ce dont je vous parle, c'est de l'obsession de tous les trois! Cette étrange trinité qui arrive ensemble et me saisit à la gorge. Dans ce cas, le sujet est important. Mozart, l'ange impossible en enfer et au paradis, et son interminable côté obscur qui fait un enfer du paradis et un paradis de l'enfer. Ce ne sont pas seulement là des idées provenant du 18e siècle. Ce sont des sensations qui nous ont rattrapés dans le temps. Comment s'étonner si j'ai éprouvé un sentiment de libération après avoir revu récemment les fresques de Fra Angelico? De son temps, la matière ordonnée du sujet s'exprimait brièvement dans un magnifique sentiment d'ordre psychique. Ce sentiment du bien et du mal n'était pas entièrement guidé par les sensations ou l'instinct. Du fait d'une énorme indifférence, nous sommes en train de revenir à l'atavique nécessité.

Dans les *Sept Aspects d'Amadeus*, ces deux êtres humains qui sont mis en avant n'avaient pas été entraînés, ils s'étaient simplement éveillés dans mon esprit.

Hokusai revient à la case départ. En 1953, rue de Tournon, j'ai trouvé son entière *Manga*. C'était lors de mon premier séjour à Paris. Je sortis, empruntai l'argent et l'achetai. Pas mal d'années plus tard, j'ai découvert les *Vues du mont Fuji* sur le quai Voltaire. La marchande qui les détenait se trouvait être la fille de l'antiquaire qui m'avait vendu la *Manga*. La vie a une logique à répétition. Les structures et les réseaux des compositions de Hokusai font la loi aussi bien pour Frank Lloyd Wright que pour Vincent van Gogh. Et son déferlement de vie! Je propose à titre d'exemple et pour avancer une comparaison que si vous disiez que Honoré Daumier est à vos yeux l'exemple français de l'observation humaine, vous auriez raison, mais la fine lame de Hokusai fait une nette entaille. Pas de brume à l'horizon du premier plan. Moyennant quoi, il donne une tension et non de nonchalantes distances atmosphériques, comme on en voit dans tant de peintures chinoises qui sont l'objet d'une vénération imméritée. En fait, je n'ai possédé Hokusai d'aucune façon: c'est moi qui me suis trouvé possédé par lui.

Après, il y eut ces quelques rares peintures que j'ai vues de Wols qui ont porté le subjectif jusqu'à un niveau de suspense et de dignité très élevé. De même que les petites ébauches de Gustave Moreau. Pouvez-vous imaginer l'ouragan qui se serait déchaîné dans l'œil de l'esprit si Moreau s'était livré au grand format? Mais dites ce que vous voulez, le microcosme et le macrocosme sont un. Cela ne dépend que du quotient d'énergie des trois niveaux: cœur, esprit, estomac.

Maintenant vous allez dire: "Paul, serait-ce trop vous demander que de revenir au sujet?" Mais lequel?

Michel: Simplement ce qui a provoqué ces séries?
Jenkins-san: C'est une bonne question, et je vais essayer d'être explicite. Quand toutes les pierres avaient été alignées sur les tables pour que je puisse les travailler, elles occupaient presque tout l'espace de la galerie de Franck Bordas telle qu'elle est aujourd'hui. Il faisait sombre et je n'y voyais que grâce à la lumière d'une fenêtre sur la cour et à quelques lampes. C'était beau et quelque peu humide, mais c'était en été et cette humidité caressait plutôt qu'imprégnait les os comme cela se produit en hiver.

Michel, je ne savais pas ce qui était en train de se transformer. Tout ce que je savais c'était que chaque pierre allait devenir une chose-image pour elle-même et allait rester seule sans être une couleur adjacente pour celle qui la précédait ou lui succéderait dans la superposition au cours de l'impression. Quand je reçus les épreuves en noir et blanc à Saint-Paul-de-Vence, je les ai vues comme des images qui pouvaient demeurer seules, et aussi telles que des clés de voûte pour pousser plus loin l'exploration de l'intention inhérente à l'image elle-même. Elles avaient trouvé leur imagerie décisive et s'étaient enfermées dans leur composition comme dans une cuirasse. Ce ne sont pas des *floatscapes*, des paysages nuageux, pas davantage des icônes isolées: elles sont frontales, architecturalement construites et "clouées" sur une surface à deux dimensions. Chaque image est indépendante et se suffit à elle-même. Ce n'est pas la première fois que je montre que l'image en noir et blanc sur la pierre existe comme une espèce de squelette vu aux rayons X, indépendant de sa destination future, un fait isolé qui a sa propre finalité.

J'ai attendu des jours et des nuits, les laissant sur le plateau d'une vaste table. J'appelai Franck depuis Saint-Paul et lui dis que je voulais faire une série d'éditions limitées en noir et blanc. Il fut d'accord. C'était juste avant mon voyage au Japon pour voir Tadashi Suzuki à Toga. Michel, vous n'avez pas idée de la perfection avec laquelle Franck avait préparé ces pierres.

Chaque nuance et chaque aspect dominant étaient parfaits. Une autre série a suivi en bleu outremer sur blanc et se révéla être une porte grande ouverte vacillant sur ses gonds.

Michel: Ceci a dû demander un bon bout de temps.

Jenkins-san: Quand le temps est venu de signer ces éditions, Franck a remarqué que six mois s'étaient écoulés entre le début et l'achèvement.

Michel: Je pense que vous m'avez fourni de claires indications, mais ne passons-nous pas à côté de quelque chose?

Jenkins-san: Vous êtes aimable mais sans pitié. Dans ces séries, des images persistantes se développaient les unes vers les autres, un peu à la manière de l'hexagone du *I Ching* ou de la configuration opiniâtre des runes. Songez aux marées et à la manière dont elles exercent leur abrasion avant de refluer.

Chaque marée apporte une nouvelle moisson, que ce soit aux hautes ou aux basses eaux. Persistance de la différence et cependant, à l'intérieur de cette différence on trouve un motif particulier qui se répète lui-même sans fin mais n'est jamais identique.

Michel: Je me souviens de vos propres propos selon lesquels "on ne se baigne jamais deux fois dans le même fleuve. Mais c'est une rivière spécifique, une mer ou un océan spécifique, avec sa configuration, son climat, son atmosphère changeante".

Jenkins-san: Oui, cela peut paraître évident, mais quand on en fait l'expérience, se manifeste la nécessité urgente de faire confluer l'essentiel. Faisons une chiquenaude Zen ou une chic claque du stick. Question: A quoi ressemblait la chose la plus simple avant qu'elle ne devienne simple? Faire une image explicite implique une longue histoire de la découverte d'évènements adjacents liés entre eux et alors, comme par magie, cela paraît être réellement survenu.

Michel: Voulez-vous dire que votre simplicité évoluée provient de la complication?

Jenkins-san: Ce n'est pas aussi simple. En dehors de la sensation d'une réalité toujours-changeante, se manifeste la résolution de faire ressortir une image.

Je me suis engagé dans un parcours thématique d'une façon peu éloignée de celle de certains écrivains qui ont fait des découvertes à travers des mots parfois aussi trompeusement simples que "une rose est une rose est une rose..." Ces trois assertions sont davantage que ce qu'elles paraissent.

Quand je découvre mon image noire et blanche qui est intrinsèque et incluse en elle-même, elle doit rejoindre d'autres images intrinsèques issues de différentes pierres. Cela ne signifie pas pour autant, au fur et à mesure que j'avance et utilise la presse, que les images superposées ne changent pas. Parfois une importante chirurgie supprime ce qui est accessoire ou de très subtiles éliminations contribuent à cette totalité blindée dont nous avons déjà parlé.

Michel: Mais ce que je dis s'applique précisément à ce dont vous parlez.

Jenkins-san: A un niveau élevé de déduction. Nous ne sommes pas en désaccord. Il y a simplement entre nous un abîme au-dessus duquel nous nous hélons.

Michel: Bien, alors, ne pensez-vous pas...

Hokusai: Faucher-san, si vous me permettez de faire un pas en avant, je peux voir que Jenkins-san vous lance ce que dans l'ouest vous appelez un regard assassin. Cela arrive souvent quand l'un d'entre vous – ou les deux – sont en train d'ourdir un ressentiment caché entièrement basé sur une différence d'humeur et de langage. A moins que je ne me trompe, vous étiez en train de vous informer sur ses couleurs primaires. Si c'est moi qui pose la question, ce sera parler technique. Si par contre, c'est vous qui l'interrogez, ce serait comme si l'art était une fonction raisonnable qui pourrait être déduite entièrement de l'esprit plutôt qu'induite par les sens.

Jenkins-san: Hokusai, c'est l'amabilité même et une bonne impulsion mais mal à propos dans ce cas. Il est vrai que Michel et moi-même avons nos différentes positions et je suis certain que de temps à autre nous ne sommes pas d'accord, mais mon ami-esprit, nous sommes amis et peu importe ma violence, soyez certain que j'irai de l'avant. Ah, où en étais-je? Oh oui! Maintenant, voici ce que je veux que vous entendiez…

(Pendant ce temps, Amadeus est entré et se tient les bras repliés, appuyé contre le mur et semblant écouter avec indifférence.)

Michel: Mais, auparavant, je veux que vous écoutiez ceci, une voix d'un autre temps, Clemenceau parlant de Monet:

"Et voilà que cette cathédrale aux multiples aspects, je l'ai emportée avec moi, sans savoir comment. Je ne puis m'en débarrasser. Elle m'obsède. Il faut que j'en parle, et, bien ou mal, j'en parlerai…"

Et encore:

"Le sujet, supposé immuable, accusait plus fortement la mobilité lumineuse (…) L'artiste avait compris qu'il ne pouvait échapper à l'analyse du phénomène, et que si, dans une même journée, le matin rejoint le soir, par une série de transitions infinies, chaque moment nouveau de chaque jour variable constitue, sous les ruées de la lumière, un nouvel état de l'objet qui n'avait jamais été et qui jamais ne sera plus."

Jenkins-san: Remarques pertinentes. Cela me rappelle le temps où je citais Monet affirmant que le véritable sujet dans la peinture est la lumière. Les primaires, mon rouge, mon jaune, mon bleu, ne sont pas des éléments obsessionnels, mais des baguettes de divination essentielles, des champs de force, latentes puissances, toujours présentes encore que fuyantes. Pour vous, ce sont seulement des mots, mais pour moi, ces mots signifient l'inexplicable. Pour moi, l'image ne devient pas un emblème mais une nécessité significative. Ai-je bien expliqué la différence? Ces couleurs sont toujours avec nous et néanmoins s'efforcent constamment de nous éviter.

Ce que je veux faire, c'est les piéger à travers ce que j'appelle l'interpénétration. Laissez-moi vous expliquer ce que j'entends par là. Vous voyez cette image jaune sur fond blanc ou encore ce blanc entourant le jaune cru. Alors vous remarquerez que ce jaune est surimprimé sur le bleu, donnant naissance à un vert, ou vous voyez ce glacis bleu apposé sur le jaune et créant un vert d'une tout autre qualité. Pour moi, ce ne sont pas là des couleurs qui se chevauchent et pas davantage, comme l'a exposé Albers, une pratique de l'interaction des couleurs par l'emploi d'une couleur placée à côté d'une autre, la couleur se trouvant réléguée dans des chambres jointives mais séparées. Mes couleurs semblent s'entrelacer, générant des mailles serrées de quotients d'énergie. L'encre d'imprimerie, du voile le plus léger, le plus éphémère jusqu'au plus épais, jusqu'à la vibration la plus intense et la plus atonale, doit imprégner le papier. Et tout ceci est créé par la puissance de la presse qui est capable d'incruster la pierre dans le papier.

Amadeus: Bien que vous ne sembliez pas considérer ma présence comme souhaitée, je voudrais apporter ma contribution à ce que vous avez dit sur la couleur. Je n'ai jamais été de ces compositeurs qui fulminent et s'emportent au sujet de ce que nous appelons *farben*. Mais je peux vous révéler un secret. Il prend naissance avec une couleur, par égard pour la discussion et non pour la théorie, une théorie esthétique naturellement. Aah!

Hokusai: Je vous en prie, Faucher-san, je fais appel à votre patience.

Faucher-san: Mais pourquoi fait-il preuve d'une telle maturité? Ce n'est qu'un simple jeune homme.

Amadeus: Au paradis, vous allez de surprise en surprise. C'est plutôt éprouvant.

Hokusai: Jeune Mozart, je vous prie de ne pas vous égarer.

Amadeus: Dans ce contexte, c'est Amadeus! Et peu m'importe si je m'égare!

Jenkins-san: Fulminez ou venez-en aux faits mais ne venez pas me raconter que vous avez un secret et puis, que fort à propos, vous avez oublié ce que vous pensiez dire.

Amadeus: Nous parlerons plus tard!

Hokusai: S'il vous plaît, Jenkins-san!

Amadeus: Maintenant, mettez en action les connections de vos cellules nerveuses et écoutez et imaginez parce que je ne peux vous faire entendre ce qui vibre dans mon brillant cerveau en or pur!

Faucher-san: Je déteste la fausse modestie.

Amadeus tombe soudain à genoux et la comédie est finie. Il se prend la tête à deux mains, arrache sa perruque et la fait voler à travers la scène, découvrant un jeune homme chauve, au visage crispé par l'angoisse.

Amadeus: Ma tête! Ma tête se déchire! Je vous en prie, écoutez! Oui. La couleur. La couleur, je le sais, devrait se dresser comme une substance incorruptible, comme le basalte, et ensuite voler en éclats, en fragments pour, comme Phénix, renaître perpétuellement. Je n'ai pas perdu le fil! Alors la couleur, la masse dense et lucide, aussi lourde dans le feu que le granit, commencerait à s'élever de son plein gré et s'évanouirait oh si rapidement dans les frontières infinies de mon âme et au-delà des remparts au-dessus et en-dessous des nuages recouvrant la folie de la montagne, ma montagne, mon Père me l'avait dit que cette montagne m'appartenait! Et alors une aube très bizarre pourrait se manifester au coucher du soleil. Ceci n'est-il pas étrange, et l'étrange n'est-il pas parfois très réel? Bien, que pouvez-vous répondre à cela?

Jenkins-san: En qualité d'artiste et dans mon propre domaine, je dirai que vous avez occupé le devant de la scène.

Amadeus: Hokusai, je vous prie, faites-moi l'amitié de chercher ma perruque. Je sens la fraîcheur.

Hokusai: Aucun doute quant à l'exubérance de votre tentative.

Amadeus: Vous doutez de moi.

Hokusai: Permettez-moi de vous dire que je pense que vous savez vous adapter parfaitement à la situation. Vous auriez fait un excellent Ninja.

Jenkins-san: Le problème est de savoir si c'était mon rêve ou son tempérament. Amadeus a démontré que vous êtes soit un observateur soit un participant. Lui aussi est devenu un participant et maintenant, je vais me rapprocher de lui.

Michel: Etes-vous sûr que c'est ce que vous voulez? Il peut être très cruel.

Jenkins-san: Michel, je ne crains pas la cruauté. J'aime mes ennemis. Ils me forcent à rester éveillé. Ils ne m'apaisent point. Ils m'incitent à prêter attention au point du jour et à écouter la nuit. Pourtant, Mozart n'est pas mon ennemi.

Amadeus: Puisque ces propos me sont adressés, j'ai le droit d'intervenir à ma façon personnelle.

(à Jenkins-san, avec sarcasme) "Je suis sorti dans la nuit et je ne me rappelle aucunement comment je m'y suis évanoui. Et la mémoire qui se dilue en nous laissant un fil de soie pour tracer notre chemin parmi les sons noirs comme la nuit…"

Qu'avez-vous à répondre à ceci et à Hokusai que vous avez placé en enfer? Ou peut-être la mariée de Baudelaire va-t-elle s'avancer pour lever le rideau, enveloppée de mystère et drapée de filaments verdâtres et de turgescences de rouille, laissant derrière elle un sillage minéral?

Jenkins-san: J'aime assez vous entendre répondre à une question en en posant une autre. Cette pensée est un mystère évanescent. Quand vous jetez un coup d'œil à votre montre, à peu près de la même façon dont vous observez un métronome, et pour autant que vous ayez recours à cet instrument, vous détectez le passage du temps, mais il vous a déjà échappé avant que vous puissiez le percevoir. La question est: quand êtes-vous "temps" et non pas seulement à temps ou encore en train de courir après le temps qui passe? Suis-je le temps ou un objet dans le temps lui-même et existe-t-il quelque chose qui soit le temps? Le soleil se lève. Le soleil se couche. Tels sont les éléments essentiels qui nous permettent de mesurer le temps. A présent, avant de simplifier, permettez-moi de vous dire que ma mémoire du temps est fonction de la façon dont ma santé ou ma manière d'être enregistrent la mémoire. On ne peut se fier à la mémoire. Et si je devais disparaître en elle, ou quand je me fonds en elle, il y a de part et d'autre un immense monde souterrain profond comme un puits. Quand j'aurai disparu, deviendrai-je une fraction du temps? Peut-être êtes-vous ce fil de soie que nous pouvons devider depuis ces détroits noirs comme la poix...

Amadeus: Ahah! Ceci est un requiem! Vous voulez tromper la mort!

Jenkins-san: Puis-je traduire ceci en d'autres termes? La lumière m'a conduit plus profondément dans une obscurité minérale, dans une obscurité liquide, d'une densité coagulée... de substances condensées amenées en fusion et transmutées par le feu, érodées par le vent et la pluie, forcées à prendre d'autres formes. Ici encore, à quoi ressemblait la chose élémentaire avant d'être élémentaire?

Amadeus: Bien, alors je vais vous dire quelque chose de très simple. Je commence à me trouver bien ici. Qu'avons-nous besoin d'un paradis? On s'y ennuie beaucoup trop. Qu'avons-nous besoin d'un enfer dont on connaît par avance les aspects? Et vous ne m'avez pas encore dit pourquoi vous m'avez capturé!

Jenkins-san: Pour moi, l'image dominante est votre profil, découvert depuis plusieurs perspectives, une image dominante soudée à l'intérieur de la totalité dynamique, là où le sens de l'informel rejoint la précision d'une fondation architecturale. Il y a deux lithographies que je pense donner en exemple par rapport au sujet auquel elles se réfèrent visuellement: *Amadeus Listening* et *Distance Finding Mozart*. Toutes deux représentent ce que je pourrais appeler le profil énigmatique avec son centre béant semblable à un ovale ouvert, l'une de ces images en bleu, l'autre en rouge. Chacune d'entre elles communique une émotion entièrement différente et révèle son propre secret à sa manière personnelle. Et pourtant, nous regardons ostensiblement ce même sujet dominant. Tout comme dans les *Vues du Mont Fuji* de Hokusai dans lesquelles l'environnement de l'image change en fonction des points de vue d'où il est observé, le profil se modifie ici de l'une à l'autre... pour laisser entrevoir la présence humaine, incisée, interpénétrée par la couleur créée. Ces aspects variés font surface dans différentes intensités, avec différentes tensions.

Le profil respire et parle, mais on n'entend aucun son. Dans une des épreuves uniques, les ténèbres bordent la résurgence, laissant à la blancheur du papier le soin de déchirer l'image, tranchant incisivement à la rencontre de son invisible tête de Janus, elle aussi cachée dans les plis de la couleur et de la noirceur.

Mais pour revenir à la question, ces assertions n'ont pas créé ce que j'appelle des peintures ou des lithographies à l'ambiance abstraite, mais des déclarations affirmatives et acharnées sur les décisions concernant les couleurs primaires. Dans mon cas, le jaune moyen qui va s'orienter vers un jaune chaud par rapport au blanc, maintient intrinsèquement le bleu et le rouge vermillon qui me fait penser à une sorte de garance. Laissez-moi appeler ces couleurs les trois acteurs principaux sur la scène. Les deux qui s'avancent à leurs côtés, sont un bleu violet – plutôt qu'un rouge violet – et un vert permanent qui peut rester seul sur la blanche page. Avec ces dominantes, je peux me diriger vers ce que j'appelle de subtils intermédiaires, qui aident à amarrer cette vibration jusqu'à sa surface absorbante, le papier fait à la main.

Amadeus: Je suis presque certain de ne jamais recevoir de réponse à ma question. Je préfère vous laisser agrandir le dédale ou créer un labyrinthe pour y aller paître.

Jenkins-san: Vous êtes à présent pris au piège de vos propres paroles qui vous rendent sourd.

Amadeus: Dire que Mozart est sourd relève d'une naïve effronterie! Vos mots sont mal choisis.

Jenkins-san: La lumière m'a plongé encore plus profondément dans les ténèbres minérales!

Amadeus: Ah, maintenant se manifeste une sorte d'incantation...

Michel: De tous les sujets avancés...

Hokusai: Non, le sujet parfait! Ce sujet est le maître soumettant Jenkins-san à l'épreuve et le gardant éveillé. Nous devons continuer. A présent, nous pouvons nous en aller et peut-être gagner l'autre côté du rivage où j'aperçois la lueur, à peine visible, de l'aube. La guerre...

Jenkins-san: Quelle guerre?

Hokusai: Tiens donc, la guerre des esprits! La coexistence des contraires. Rien n'est fixé par les lois de la guerre, elles se propagent en fonction de la vitesse acquise.

Mozart: Quel est ce charabia? Du chahut ou un ut pour le chat? Ou c'est un chat pour le chat, un ut pour le ut, un œil pour un chat ou un œil pour un œil? Je ne veux pas de dent pour conte de fées sous mon oreiller, ou alors, ce sera dent pour dent.

Michel (qui très tranquillement s'est avancé pour le retenir gentiment, le dirigeant vers une chaise): Cette journée a été longue. Maintenant, vous devez vous reposer et seulement écouter. Vous êtes en dehors du contexte.

Hokusai: C'est vrai!

Amadeus: J'ai besoin de temps, c'est ainsi. J'étais à des années-lumière de distance et j'espère secrètement que maintenant je suis près de retrouver quelques vieux amis qui seraient toujours aussi jeunes.

Hokusai: Jenkins-san, vous le savez, naturellement, j'ai appris à être patient. Mais je n'ai jamais eu de patience excepté avec mes imprimeurs. Ils sont ou ont été mes esprits, mes anges gardiens.

Amadeus: Cris de l'enfer! "Les mots ne peuvent que rarement rendre les choses telles qu'elles sont, mais ils peuvent laisser des traces, sans lesquelles il n'y aurait pas d'indication des pensées et des impressions."

Jenkins-san: J'entreprends d'abattre les mots jusqu'à ce qu'ils gisent blessés ou tués, et se relèvent à la vie. A présent, écoutez ceci: "Tout est permanent dans ce donné temporel qu'est l'instant. C'est cela qui est le donné dans l'expérience d'un phénomène, dans sa réalité toujours-changeante. *La pérennité est dans l'instant* de la sensation et soit vous vous en éloignez, soit vous l'étreignez."

Hokusai: Voulez-vous dire que Amadeus s'en éloigne?

Jenkins-san: Non. Entre deux âges, ce Mozart se ravitaille comme un dragon, et, tout comme la lune, nous le nourrissons. Un esprit comme le sien se fatigue vite, mais il va toujours de l'avant, de l'avant, de l'avant.

Hokusai: Vous m'avez distrait.

Jenkins-san: Cette forme de destinée n'est pas prédéterminée mais représente un aspect de l'évolution qui se produit ou s'est produite au moment où vous l'enregistrez et la contenez, parce que si vous la saisissez au bon moment, et c'est le plus important, vous la capturez au moment où elle s'y attend le moins. *C'est une concentration saisie dans une atmosphère en mouvement.*

Amadeus: Est-ce là votre réponse?

Jenkins-san: Mais pour toutes ces raisons. La machine, le papier, la couleur... Chaque chose est une parcelle de l'essence qui constitue la finalité fondamentale. Là où j'habite, je vois des poutres rugueuses et taillées à coups de hache supportant les murs et les plafonds. Elles aussi ont une finalité.

Hokusai: Si dans votre vie j'ai une telle signification, pourquoi alors me représentez-vous comme si j'étais en enfer? Jusqu'à présent, je me suis abstenu de manifester et j'ai enduré stoïquement l'imagination dont vous faites preuve à mon égard dans l'insondable noirceur de l'ardoise épaisse sur le papier pur chiffon.

Jenkins-san: Vous m'étonnez.

Hokusai: Non. J'ai été suffisamment en enfer sur la terre.

Jenkins-san: Ces lithographies ne sont pas des illustrations, ce sont des représentations abstraites. Vous n'êtes pas en train de descendre une montagne en enfer avec un ballot sur le dos. Bruegel, Hubert et Jan van Eyck ont déjà représenté ces fosses brûlantes. *Hokusai in Hell, Bride of Baudelaire* et *Darkness at Full Moon.* Elles sont et vous êtes l'ombre de la pleine lune dans les ténèbres. La couleur sur ces feuilles de papier noir irradie une humidité nacrée qui me fait songer aux pierres après de fortes pluies, une atmosphère diffuse de ce que nous voyons et ressentons, que nous entendons même, mais qui est parfois invisible. Les ombres prennent le dessus sur la lumière et se réfugient dans le papier, s'avançant obliquement comme une émanation.

Mais à présent, je m'adresse à Michel, mon défenseur, qui regarde Hokusai redoutant de me dire qu'il est inquiété par l'enfer. Hokusai, je vais vous regarder droit dans les yeux et vous dire que nous allons tous aller au ciel et en enfer, mais maintenant, juste maintenant, nous avons le paradis en enfer et l'enfer au paradis.

Je suppose, Michel, que ce rêve ou cette vision dérangeante est un monologue qui s'est transformé en incantation.

Ce qui me guide, c'est la volonté de manifester un paradoxe visuel, sa loi, sa rigueur, et la variété des phénomènes qu'elle provoque. Le paradoxe de l'absolu et de l'aléatoire. Tout est permanent dans ce donné temporel qu'est l'instant. C'est cela qui est le donné dans l'expérience d'un phénomène. La pérennité est dans le moment de la sensation, et soit vous refusez cela, soit vous y plongez tout entier. Ce n'est pas prédéterminé, mais une évolution qui s'est produite au moment où vous l'enregistriez, la remplissiez et – j'aime ce mot – quand vous la *capturiez* au moment où *elle* s'y attend le moins. C'est un concentré piégé à l'intérieur du changement ambiant.

Oui, ceci est une répétition de ce que j'ai déjà dit. Ce n'est, après tout, que la signification d'une incantation ou d'un mantra. Vous prenez la roue de la vie et vous la faites tourner toujours plus vite de façon à ne plus voir les rayons, seulement une évocation dont les éléments ne sont pas placés côte à côte mais obligés de se fondre, soudés ensemble par la lumière.

BLEU ET VIOLET

Le bleu a son paradoxe: il est ici-bas le même que là-haut. On peut être submergé sous lui comme en des profondeurs marines, on peut prendre en lui son vol. Sous le ciel de son continent universel et sans bornes, la raison de sa froideur est chaleureuse, mais énigmatique; peut-être l'œil de l'esprit est-il sans cesse aussi brûlant qu'une petite fournaise qu'il faut refroidir: or justement la perception d'une immensité bleue rafraîchit l'esprit et le porte à un point délicat de température, situé entre la chaleur de l'esprit et la froideur illimitée du bleu.

Son immensité profonde recèle un autre paradoxe: ce qui est proche est lointain et ce qui est lointain est proche. C'est là un sentiment mystérieux dont on ne peut faire connaissance que si on l'a éprouvé personnellement, dont on ne peut administrer la preuve matérielle et qui n'est pas non plus un article de foi. Phénomène qui ouvre la voie des perceptions et des sentiments qui sont transcendants et non plus descendants.

Une autre particularité apparaît aussi: de toutes les couleurs, le bleu est celle qui peut subir les plus larges altérations tout en restant elle-même. On peut relever le bleu avec du blanc sans lui ôter son ipséité de bleu; et même si on le salit avec une couleur de terre, il conserve l'écho puissant de son identité antérieure. Le jaune et le rouge n'ont pas de singularité aussi affirmée.

Le bleu est une couleur mystérieuse parce qu'on ne voit pas d'où lui vient son énergie véritable. C'est une couleur qui monte: un ciel bleu, le bleu d'acier, le lapis-lazuli, le bleu saphir, le bleu-roi. C'est la seule couleur qui admette aussi bien qu'on ait sur elle des vues monochromatiques.

On ne peut pas parler du bleu sans mentionner le violet, car le violet permet au bleu de devenir un prolongement du bleu même. Ils ne sont pas moins en duel entre eux: d'un côté, une couleur qui s'altère facilement, parce qu'elle contient du rouge qui peut sans préavis la faire devenir boue. Tandis que le bleu, lui, conserve son identité dans tous les cas. Le violet provient de quelque recoin de grotte. De naissance il a les membres cassés, comme on peut le constater sur les nodules à cristaux où l'on trouve l'améthyste violette.

C'est une couleur à laquelle on ne peut se fier. Vous pouvez attirer l'attention du violet sur son propre intérêt, mais vous ne devez jamais, sous peine de mort, lui laisser voir vos intentions. Avec lui, l'amour doit rester très objectif. Le violet se donne aussi aisément la mort qu'il peut la donner à d'autres. L'irréductible "quintessence" dont on n'a pas l'explication, c'est lui. Le violet n'a pas de vocation charitable: il lui suffit d'être lui et il se suffit. Il ne veut pas de père, de mère, de sœur ni de frère. Il voit d'un mauvais œil le bleu et le rouge. On a beau l'affaiblir, il ne cesse de crier contre le traitement absurde qu'on inflige à sa majesté. Son regard royal vous perce d'entre les barreaux d'une cage à fauves, d'où il se promet bien de s'échapper pour revendiquer son royaume. Il n'éprouve qu'indifférence pour les usurpateurs à qui on donne à porter sa couronne sous prétexte de classicisme ou même d'exotisme. Il est lui, et tout ce qui compte pour lui, outre lui-même, c'est sa queue de paon, sa traîne de comète qui scintille et devient poussière embrasée lorsque le soleil descend. C'est une icône, et qu'est-ce qu'une icône? Un système de référence antérieur au temps, un message céleste, un individu qui a donné un sens à son poste fixe, devenu immobilisation inspirée. Mais, par un singulier contraste, le violet a aussi les allongements et les replis du dragon, l'ondulation fascinante du serpent, la vigilante puissance souple du requin. Ses forces antagonistes affrontent ce qu'elles ignorent l'une de l'autre: le rouge de l'une, le bleu de l'autre.

Les cinq figures semblent avoir beaucoup de difficulté à émerger du plus profond sommeil qu'on puisse imaginer pour entrer dans un avenir qui leur demeure inconnu; elles sont issues de la nécessité où était le Chaman de les créer, elles sont arrivées du passé le plus lointain dans le présent et l'avenir qui sont inconnus, afin d'évoluer, des formes les plus primitives de la couleur, vers des couleurs distinctes et rendues manifestes.

(extraits, description des personnages)

Bleue est ardoisée comme les pierres qu'on voit au fond de l'eau.

Jaune a la teinte vernissée des poteries ocre.

Rouge est la couleur des feuilles d'automne séchées et ne cesse de chercher des yeux le vert d'où il provient.

Verte est la couleur du jade qu'on trouve dans les tombeaux antiques, avec des traînées encre-brun qui tachent ses tonalités de pomme passée.

L'une était vert de jade, du jade qu'on trouve dans les tombeaux avec des veines de rouille rouge sang.

Une autre était du rouge des laves brûlées, desséché par le désert, calciné sur l'enclume du soleil.

Violet était une lavande couleur de charbon, tombant en cendre et poussière dans l'impitoyable froideur de sa grisaille.

Jaune, cuit aux rayons du soleil, était devenu une poterie ocre avec des traînées de poussière charbonneuse.

Enfin Bleue donnait la fausse impression d'être si pâle et si fragile qu'elle se fanerait à coup sûr avant la fin du jour, avant que la nuit commence à tisser sa toile autour de ses chevilles.

Elle est le bleu d'en haut et d'en bas, du ciel et des eaux; lorsque tout le reste a disparu aux regards, c'est elle qui demeurera, changeante mains indélébile, aussi violente et calme que peut l'être le vent, dont la couleur est impossible à dire. Même si le vent solaire devait disparaître, elle resterait elle-même, Bleue, avec son Soi intrinsèque, au sein de l'obscurité totale. Elle soutient le défi du noir dans la nature, si bien qu'à la fin il ne subsiste plus que du bleu, aussi sombre qu'on voudra.

.48.

Mozart Mount the Forge, 1992

.49.

Hokusai in Hell, 1992

.50.

Amadeus in Blue n° 5, 1992

.51.

Amadeus Suite, 1992

Epreuve unique   *Unique proof*

.52.

Amadeus Suite, 1992

Epreuve unique   *Unique proof*

.53.

Amadeus Suite, 1992

Epreuve unique   *Unique proof*

.54.

Amadeus in Blue n° 2, 1992

.55.

Amadeus Suite, 1992

Epreuve unique   *Unique proof*

.56.

Bride of Baudelaire, 1992

.57.

Self-Portrait: Jenkins-san in Dialogue with Hokusai, 1991-1992

Acrylique et collage sur toile   *Acrylic and collage on canvas*
avec bois 122 x 81 cm   *with wood 48 x 32"*

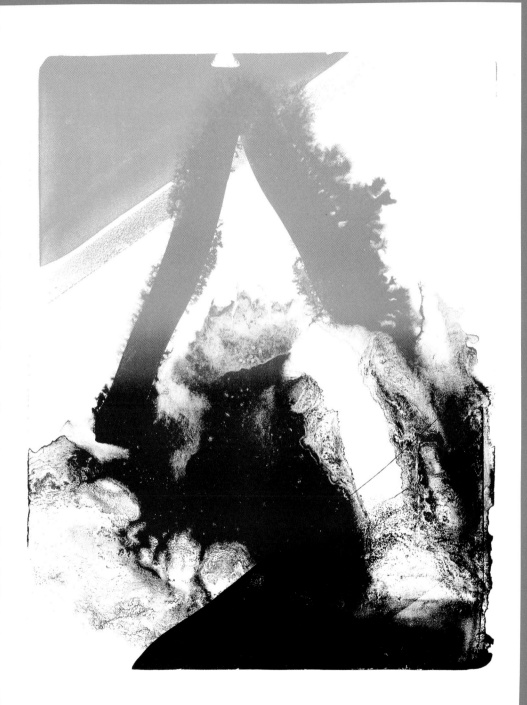

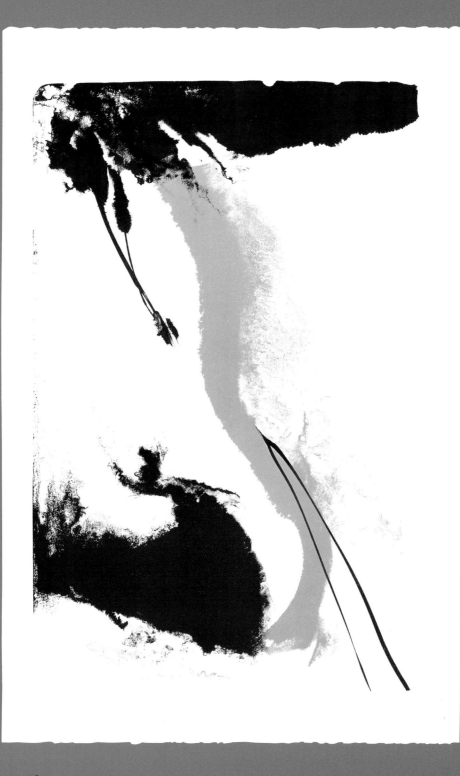

54

Let the knife vanish and the stone appear.

In a kind of sacred dance, Paul Jenkins marks the canvas with traces of his spirit. Each work is the result of enormous tension between body and thought. Who tames whom?

The ivory knife, the tool in this violent yet controlled conflict, channels energy the instant before it flows onto the canvas. The painting is born of ritual. With Paul Jenkins, nothing is ever neutral. Speaking, writing or painting, the act flows from its preparation. Through ways that are his own, he locates the instant of illumination when everything changes. Every gesture acquires a different dimension. Even the eyes change: they see color, they see elsewhere, beyond. The work appears as the material image of a larger vision. Paul Jenkins renders his life the instrument of his search. Composing stars, touching sky, sounding the earth, and always investigating color and its mysteries. He explores the interstices, strives to approach zones of rupture, division, passage. Wherein lie new questions. He invests matter with his soul and all his strength, to extract its secrets, to express its potential, to meld with it.

Let the knife vanish and the stone appear. The stone, astonishing receptacle of the series of lithographs entitled *Seven Aspects of Amadeus and the Others*. Did this shaman know what the stones would render? Did Jenkins know that this new struggle would reveal forms and images hidden in his subconscious? Did he know that, as soon as he touched and shaped them, these lifeless stones would liberate old demons, companions of solitude in the search for the absolute? Did he know that ink and its colors, machine and stone in concert, would render these mental landscapes wherein one is no longer sure if malaise reigns, if wonder triumphs? Mental landscapes wherein shadows bear witness. What is certain about *Seven Aspects of Amadeus and the Others* is that Jenkins approaches those who can speak to angels, plumb the depths, to lift a corner of the veil.

To pull from the recesses of stone exceptional or nameless beings swept into the great adventure, that is the extravagant wager of this series/saraband to which Jenkins invites us. Master, ballet master or dervish, through sheer concentration Jenkins awakens the sleeping giants for one final ceremony, one ultimate shock... to express an abstract yet palpable continuity with those beyond time, known or unknown, who seek to understand. The human is a part of the universe, and inversely. Matter and spirit are indivisible.

Seven Aspects of Amadeus and the Others bears witness to this unity, proceeds from this movement.

Seekers of the absolute, their attempt brings salvation.

Exceptional people, their field of exploration is that of death, of life, of life in death. They open up the possibility of hope as often as they evoke foreboding. Paul Jenkins is among them.

The knife most often, the stone more rarely accompanies Jenkins in his reflection, helps him reveal abstractions where the shadows sometimes hint at the outline of Amadeus, and of the Others....

Michel Faucher
March 1992

Dear Michel Faucher,

A thousand pardons for the formality. The reason being, I wish to introduce to you a very important mistress in my life. She is, in my case, made of stone and is relentless. My first encounter with her was with the grandfather of Franck Bordas, Fernand Mourlot. In my own way, I have remained faithful to her ever since, even though I have made efforts to stray from her premises but always without success. I return and she, "the stones," seems to forgive me.

You notice I say "she, the stones"? Like *phenomena*, she is plural because the image is brought about by several stones.

There is another issue: the artist who creates on press and the press that creates on the artist. There is another way to say it: those lithographs that are created *by* machine and those lithographs created *on* machine.

Color progressions are for me a creative event and not another form of color reproduction.

When the stone is put in motion on the press and the impression is being made on Arches or Rives paper, the stone actually impregnates the paper with color. The color does not reside on the top like an ice skater sliding along, barely leaving a trace. That kind of treatment offends my optic nerve because it is like a kiss, not an embrace or, as I said, impregnation. This may sound like shop talk to you, but to me it makes all the difference. I don't speak of purity, I speak of what is meaningful to me. That is why I have tried different forms of lithography and graphic possibilities with the exception of wood gravure. I can remember a series I did on aluminum. I knew the press man, with whom I had built up a language over a period of time. I was going to prove to myself that I could bring this body of work home with resonance. Honesty is the best policy and I thought (I thought!) this group had reached shore. I ended up destroying most of them. Fernand was right about me all along: "Stones."

About the other forays, let me be more crass. I woke up the next morning and realized I had gone to bed with the wrong woman. She was beautiful but she had no heart, no lasting pulsation. The light was only good on her when just right.

In this series, which I call *Seven Aspects of Amadeus,* one of the lithographs, *Mozart in Hell,* could easily be construed as a kind of fire in heaven. To me, these images don't just sit there like still lifes; they give and take impressions. I speak about the existent form or the existence of a form that pulsates.

The full title of the series is *Seven Aspects of Amadeus and the Others.* One of the others being *Hokusai in Hell,* a large vertical format printed on black, which really becomes a deep slate gray when colors start to impose themselves on it. They become lost then found again because the paper is quite absorbent and with one passage of the stone, they are diaphanous or opaque against what is underneath. The colors spring to life in an almost Japanese lacquer way, a result I like in particular with yellow superimposed against green or blue. Another image against black is *Bride of Baudelaire*, with its intrusion of succinct images. Our lives are reiterations of hell and heaven and heaven and hell, and it is what we make of it or as one sage put it: The mind is its own place and of itself can make a Heaven of Hell or a Hell of Heaven.

Another image of a recurring heaven-hell but not against black, is *Mozart's Father's House of Cards.* How curious that these people whom we never knew reappear before our very eyes and seek refuge in our memory. Or is it we who seek for them to remember us? Often the question can be addressed in both ways. The duality no longer troubles me. I have learned to live with it too long to harbor thoughts of Nirvana when I can have my heaven and my hell right now. It is my territory, my real estate.

But now let us return to the venerable stones. Don't you find it ironic that the stone is quietly receding in the field of printmaking? You notice I said "field"? The field is a kind of real estate also. Language becomes dead because the meaning of the word used, like zinc or aluminum, is something to be glossed over. "In the field of" means "in the land of"...the land that this stone comes from gives blood and not from a stone comes blood unless the giver be an artist working in conjunction with the proper person to etch the stone. For both, this is a tedious and nervewracking task suitable only for the knowing and the dedicated who love. If you think this is turning into some kind of sermon on the rock, you could be right. Those who wish to prosper will turn away from the stone, and those who wish to show drops of blood will adhere to the stone, I say unto you.

End of sermon, but not the end of lithography.

This is not an intellectual equation nor a prayer, but a need that was brought about most probably by a printer's devil. Michel, now that we have gotten to know each other as though on board a ship going to an unknown port, I will ask if you too have known a certain form of hell?

One heaven and hell I know occurs when the stone unfolds on the friction of the back-and-forth motion of the press. There are those sheets called "macule," or "sacrifice sheets," which bring up the heat and cause a certain perspiration as the ink is yielded up. The machine is like a big mechanical doll who has to be spoken to most favorably by the *dompteur*, Franck Bordas, and also by his assistants, in this case, Jackie and Thomas. Jackie feeds the drum looking more like a Salem whaler about to gaff a leviathan than a Parisian who consistently smokes Gauloises Bleues. He has these dead-on gambler's eyes that miss nothing and know no surprise. You can't see Franck: he is all over the press. Water here. More ink on the roller there. Then quick to listen to Thomas say, "This side needs a drink!" All the time Thomas is taking off one sheet, then another and looking very young, the deception of youth to try to look older than they are or will be for another ten years.

Anyway, onward, onward, ONWARD! Then STOP! All the sheets are done. And now what? Methodicality sets in...not exactly boredom but duty to the press, the machine is now languishing. One bar, two bars and all the others for the color of ultramarine blue, the "Mother color of the Deep," and the value tones of heaven's grace in the utterly pale innocent sky, the wonder of a virgin passing by. Clean the machine!

I suppose at best what I have expressed is the one-sided emotion of what I feel "on machine." With the machine, the press, there is no flow. There is stop and start. Just think how few years we have had this friend-adversary. It gives to the human and yet is counter to the human. Not much later, there will be those who will not need the machine as we perceive it.

But back to drawing water from this well. Do not forget the stone used to make marks and imprints on. What an advanced idea when man discovered that more than blood, human breath could emerge from a stone. Think on that. It is said that the Egyptians sawed their stones for the pyramids with a certain obdurate dust and with soft implements. Guess what dust? Guess what the material of the instrument?

When I approach the stone, I hear a quiet wind whispering in the bones around my eyes and over the brow. It is a moment of silence when the merest scratch is like a thunderbolt and I am released for a moment into its time, not mine. Stone, these stones, help me to remain nameless and unto the task.

Paul Jenkins
March 1992
Saint - Paul - de - Vence

POSTSCRIPT

If indeed you can call it that. Several nights ago, I had a visit...and as Jung says, some dreams are not dreams at all but visitations. It would be lucid and clear, then vanish from sight like broken glass falling from a third-floor window into the street. Yes, it signaled a potential violence, and it came in the form of a not-so-young Amadeus and a not-so-old Hokusai.

You could say they were thrust upon each other... and it was entirely my doing, or so they said.

At one moment, each one could be a kind of stand-up puppet that you put words into, and the next minute they were like actors walking offstage and about to give the director hell and quit the company.

But when they became my voice box, I was not intending this at all. It just happened. And when they questioned me as to why I was reeling them back from space and time, I did not have ready answers. But I know one thing. Once the dead have risen in your own mind, you have to row them to the other side of the nether shore. I must be the boatman, and only the slap of the oar in the water on the moonless night gives me direction.

First, I heard them speaking to each other:

Amadeus: Hokusai, who is this man that calls out to us?
Hokusai: His name is Jenkins-san.
Amadeus: Curiously, in my quarter, we have quite a few Jenkins. Any relation to the Reverend Burris Jenkins?
Hokusai: I will ask.
Amadeus: What a subtle way of saying that the next thing you are going to do is take me to him.
Hokusai: Not at all. The only thing I will not be subtle about is knowing what you are thinking before you think it. Amadeus, you have no power, once you have gone, to resist being brought back by either the imagination or the forces of dream.
Amadeus: I am quite aware of that. I even learned that in my Father's house. After all, I brought Don Giovanni back to life in my

own limited way. But why does he use me? *Seven Aspects of Amadeus* in heaven and hell and, no offense to you, *the Others*? I can manage perfectly with you but I don't care to meet the *Bride of Baudelaire*, thank you very much but....

Hokusai: This is also choiceless. Just as choiceless as your charming face immortalized on a tin of Swiss chocolates.

Amadeus: Oddly enough, I rather like that. But we are straying from my grievance. Hokusai, I have had quite enough heaven in hell and hell in heaven. I want to be left alone!

Hokusai: Unless I am mistaken, some other rarefied person said that over and over again. It was like a refrain. Amadeus, in this area you are like that little bird I painted on a limb that became so real it flew away from the page. You will have to walk for eternity in the confines of the cosmos and be forever known.

Amadeus: Precisely, my friend, if I may call you such. Isn't my music enough? Why me? I want to reside in heaven and hell at once. That is not limbo, that is more to the point.

Hokusai: Well then, make peace with this hell and heaven that Jenkins-san has projected you into.

Amadeus: Never!

Michel, I hear the shattering of glass! Then these images come forward silently in force and take hold of me obliquely. Their different aspects careen and splinter yet emerge from a crucible of red, blue and yellow.

Michel: I don't follow exactly. Are you in some way speaking about Amadeus and Hokusai or the lithographs?

Jenkins-san: What I speak about is the obsession of all three! Some strange trinity got together and then got me by the throat. In this case, the subject is important. Mozart, the impossible angel in hell and heaven and his interminable dark side, which made a hell of heaven and a heaven of hell. These are not just ideas deriving from the 18th century. These are sensations which have caught up with us. Is it any wonder I felt a sense of release when I recently saw again the frescoes of Fra Angelico? In his time, his ordained subject matter briefly held in a magnificent sense of

66

psychic order. The sense of right and wrong was not guided entirely by sensation or instinct. Due to enormous indifference, we are returning now to an atavistic necessity.

In *Seven Aspects of Amadeus*, these two humans who prevailed were not brought back, they were simply awakened in my mind.

Hokusai goes back to the start. In 1953, on the rue de Tournon, I found his entire *Manga*. This was when I first went to Paris. I went out and borrowed the money and bought it. Many years later, I found his *Views of Fuji* on the quai Voltaire. The woman who owned the shop happened to be the daughter of the man who had sold me the *Manga*. Life has a consistent recurrence to it. Hokusai's particular structures and grid compositions laid down laws as much for Frank Lloyd Wright as for Vincent van Gogh. And his surge of life! To lodge a comparison for a moment, you could say Honoré Daumier is your French example of human observation, and you could be right, but the thin blade of Hokusai made a clean cut. No haze on the horizon of the foreground, meaning that he evoked tension, not lackadaisical atmospheric distances as seen in so many Chinese paintings that are given a reverence they do not deserve. In fact, I don't in any way possess Hokusai. It is I who find myself possessed by him. And then, there were those few paintings I saw of Wols who pulled the subjective up to another level of heightened suspense and dignity. With the small *ébauches* of Gustave Moreau, can you imagine what a storm would have occurred in the mind's eye if he had gone to the large format? But say what you will, the microcosm and the macrocosm are one. It depends upon the energy quotient of the three levels: heart, mind and stomach.

Michel, now you are saying: "Paul, would it be too much to ask to get back to the subject?" But which one?

Michel: Simply what prompted this series?

Jenkins-san: That is a good question and I will try to be explicit. When all the stones were laying on the surface of tables for me to work on, they took up almost the entire gallery space that exists now at Atelier Bordas. It was dark and I saw by the light of one window in the courtyard and a couple of lamps. It was beautiful and a little damp but then it was summer, and the damp condition caressed rather than got into the bones as it does in winter.

Michel, I did not know what was going to evolve. All I knew was that each stone would be a thing-image unto itself, would stand alone, and not be an adjacent color for the stone that preceded or came after it in the superimposition of the printing. When I received the proofs in black and white in Saint-Paul-de-Vence, I saw them as isolated images that could stand alone and also function as keystones to discover further the intention inherent within the image itself. They have found their decisive imagery and are locked into an ironclad composition. These are not "floatscapes," nor are they isolated icons: they are frontal, architecturally constructed and nailed down to the two-dimensional surface. Each image is independent unto itself. This is not the first time I have shown that the black-and-white image on the stone exists as a kind of independent X-rayed skeleton of its future intention, an isolated fact that can stand on its own. I waited days and nights, leaving the black and whites out on a large expanse of table before calling Franck from Saint-Paul to tell him I wanted to do a limited series in black and white. He agreed. That was just prior to my going to Japan to see Tadashi Suzuki in Toga. Michel, you have no idea how perfectly Franck Bordas etched these stones. Every nuance, every dominant read perfectly. Another series followed in ultramarine blue against white and this proved to be a door that swung wide open on both hinges.

Michel: This has evolved over a certain period of time.

Jenkins-san: When it came to the signing of these editions, Franck observed that we had spent six months from start to finish.

Michel: I think you have given me some clear indications, but aren't we missing something?

Jenkins-san: You are gentle but relentless. In this series, persistent images grew out of each other, not unlike the hexagon of the *I Ching* or the persistent configuration of the runes. Think of the tides and how they abrade one moment and give back the next. Each tide brings a new harvest, whether at high or low tide.

Difference persists and yet within the difference, a particular sustained motif reiterates itself but is never the same again.

Michel: I remember your saying that "you can never step into the same water twice. But it is a specific river, sea or ocean. Each has an indigenous terrain, climate and changing temperature."

Jenkins-san: Yes. This can seem obvious but when experienced, it is not at all remote from the urgency of bringing to bear the confluence of essentials. What did the simple thing look like before it became simple? Doing an explicit image has a long history of discovery of adjacent facts that are willed together and then, when consummated, seem to have happened as if by magic.

Michel: Are you saying that out of complication comes your evolved simplicity?

Jenkins-san: It is not as simple as that. Out of the sensation of everchanging reality comes the resolve to bring forth an image. I have taken a thematic run in a way not unlike certain writers, who would make discoveries through words. In something as deceptively simple as, say, "a rose is a rose is a rose…," those three assertions are more than they appear. When I discover my black-and-white image that is intrinsic and unto itself, then it must join other intrinsic images from different stones. That does not mean that as I progress and create on the press the superimposed images don't go through changes. Sometimes major surgery extracts what does not pertain, or very subtle eliminations contribute to the ironclad totality that we have spoken about.

Michel: But what I said related to what you are talking about.

Jenkins-san: On an important level of deduction. We are not at odds. There is simply a chasm between us and we are calling out to each other.

Michel: Well then, would you not mind….

Hokusai: Faucher-san, if you will allow me to step forward, I can see that Jenkins-san is getting what you in the West call a "wild look of eye." It most frequently happens when one or both of you is building up a hidden resentment based entirely on a difference of language and mood. Unless I am mistaken, you were about to ask after the primary colors. If I do it, you see, it is as though it were shop talk. If you do it, it is as though art were a reasonable function that can be deduced entirely by the mind rather than surmised by the senses.

Jenkins-san: Hokusai, it is kindness itself and a good impulse but wrongly placed in this case. It is true that Michel and I have our different vantage points and we disagree from time to time but, my spirit friend, we are friends and no matter how violent I am, be assured that I will come forward. Where was I? Oh yes! Now this I want you both to listen to.

(In the meantime, Amadeus has entered and stands against the wall leaning with arms folded and listening in a disinterested way.)

Michel: But first, this is what I want you to listen to, a voice from another time, Clemenceau about Monet:

"I've carried this cathedral with me in its multiple aspects, without knowing how or why. I cannot free myself of it. It obsesses me. I must speak about it, and, whether well or badly, I will speak about it...."

And then:

"The subject, supposedly immutable, strongly conveyed luminous mobility (....) The artist understood that he could not escape analyzing the phenomenon, and that if, in the span of a day, morning rejoins night through a series of infinite transitions, each new moment of each variable day constitutes, in the thrusts of light, a new state of the object which had never been and will never be again."

Jenkins-san: Point well taken. It reminds me of the time I quoted Monet as having said the real person in the picture is the light. The primaries, my red, my yellow, my blue, are not obsessional elements but essential divining rods, fields of force, latent potentials, always present yet elusive. Now these are just words to you, but to me these words signify and the image does not become an emblem but a significant necessity. Is the difference made clear? What I want to do is trap them through what I call "interpenetration." Let me give an example of what I mean. You see the yellow image against the white or the white surrounding the naked yellow. Then you notice the yellow is glaze-printed over the blue, creating a green or you see the blue glaze-printed over the yellow, creating another green of an entirely different caliber. This is not to me the overlapping of colors, nor is it as say in Albers, the practice of interaction of colors meaning one color next to another, color in separate adjoining rooms. My colors appear to intertwine, creating a mesh of energy quotients. The printing ink, from the lightest, most ephemeral veil, to the deepest, most intense, flat vibrancy, has to meld with the paper. And this is created by the pressure of the press which is able to embed from the stone to the paper.

Amadeus: Inasmuch as you may find me an unwelcome presence, I will add to what you have said about color. I have never been one of those composers who rants and raves about *farben* but I can tell you a secret. I start with a color, let us say for the sake of argument and not theory, aesthetic theory of course. Hah!

Hokusai: Please, Faucher-san, I plead for your patience.

Faucher-san: But why does he look so mature? He is a mere boy.

Amadeus: In heaven, you have surprise after surprise. It is quite taxing.

Hokusai: Young Mozart, please do not be distracted.

Amadeus: In this context, it is Amadeus! And I don't mind being distracted.

Jenkins-san: Rant on or come on but don't tell me you have a secret and then conveniently forget what you thought you came to say.

Amadeus: We will talk later!

Hokusai: Please, Jenkins-san!

Amadeus: Now pull the particles of your brain cells forward and listen and imagine because I can't make you hear what vibrates in my shining golden brain!

Faucher-san: I abhor false modesty.

Amadeus suddenly falls to his knees and the comedy is over. He grasps his head and pulls the wig off, throwing it across the stage, revealing a baldheaded boy whose face is contorted by anguish.

Amadeus: My head, my head is splitting! Please listen! Yes. Color. The color I knew would rise up like an obdurate substance, like basalt, and then shatter forth into fragments of the phoenix to be constantly reborn. I have not lost the thread! Then the color, the mass, dense and lucid, heavy as granite on fire, would start to rise of its own accord and oh so quickly vanish into the infinite boundaries of my soul and beyond the ramparts, up and over the clouds embracing the madness of the mountain, my mountain, my Father told me that mountain belonged to me! And then a most peculiar dawn would occur as the sun was setting. Is this not strange and is not the strange at times very real? Well, what do you have to say to that?

Jenkins-san: As something of a performer in my own right, I would say you took the stage.

Amadeus: Hokusai, please do me the kindness of finding my wig. I am feeling a chill.

Hokusai: No doubt from the exuberance of your exertion.

Amadeus: You doubt me.

Hokusai: Let me say that I think you know how to adapt to the situation at hand. You would have made a very good Ninja.

Jenkins-san: The fact is whether it was my dream or his temperament. Amadeus showed you are either an observer or a participant. He became a participant, and now I want to reach out to him.

Michel: Are you sure you want to do this? He can be very cruel.

Jenkins-san: Michel, I am not afraid of cruelty. I love my enemies. They make me stay awake. They do not lull me. They make me harken at daybreak and listen the night long. Yet Mozart is not my enemy.

Amadeus: Since this is addressed to me, then I have the right to encroach upon it in my own way.

(*to Jenkins-san, sarcastically*) "I walked out into the night and have no memory of how I vanished into it. And how like memory to vanish leaving a silken thread to arm over arm on in the pitch black sounds."

What do you say to this and to Hokusai, whom you have placed in hell? Or perhaps the bride of Baudelaire will come forward in her shrouded mystery to yank up the curtain, her wet greens and rusted traces like mineral clues.

Jenkins-san: I appreciate the fact that you answer a question by asking one. This thought is the evanescent mystery. When you look at your watch, much the same as you would look at a metronome if indeed you did that, you detect the passage of time, but it has eluded you without your knowing it. The question is when are you "time" and not simply on time or racing after time? Am I time or an object in time itself and is there such a thing as time? The sun rises. The sun sets. This essentially is what we measure time with. Now before I get simplistic, let me say that my memory of time depends on how my health or general attitude registers memory. Memory is not to be trusted. And should I vanish into it or when I vanish into it, it is a big nether world here as well as there. Once I have vanished, do I become a part of time? Perhaps you are that silken thread we can weave back in on and return with from the pitch black sounds.

Amadeus: Ahah! This is a requiem! You want to cheat death!

Jenkins-san: Can I think about it in another way? Light has led me deeper into mineral darkness, a water darkness, of coagulated density...condensed substances, fused and burned down in the fire, worn by wind and rain, forms forced to take other forms. Here again, what did the simple thing look like before it was simple?

Amadeus: Well now, I will tell you something very simple. I am beginning to like it here. Who needs heaven? You can't get into enough trouble. Who needs hell, it is all so predictable. And still you have not told me why you captured me!

Jenkins-san: The dominant image to me is your profile seen from different vantage points, a dominant image fused within the sense of dynamic totality where the sense of the informal joins hands with the preciseness of an architectural foundation. There are two lithographs that I can point to that give explicit evidence of what this is visually in reference to: *Amadeus Listening* and *Distance Finding Mozart.* Both to me state what I would call the enigmatic profile with its open ovular center, one in blue and the other in red. Each one conveys an entirely different emotion, and reveals its secret in its own way. Yet ostensibly we are looking at the same dominant subject. Like Hokusai's *Views of Fuji,* where the environment of the concentrated image changes as it is seen from different vantage points, the profile here changes from one to the other...to reveal the human presence surrounded, lanced, interpenetrated by created color. The various aspects surface in differing intensities with different tensions.

The profile breathes and speaks but there is no sound. In one of the unique proofs, blackness rims the resurgence, leaving the whiteness of the paper to rend the image, to cut through it incisively to meet on the other side its unseen Janus head, it too hidden in the folds of color and darkness.

But to return to the question, these assertions do not create what I call an abstract mood but affirmative unrelenting statements about primary color decisions. In my case, the medium yellow that goes toward being a warm yellow against the white intrinsically holds the blue and the red vermillion, which I like to think of as a kind of *garance.* Let's call them the three principal actors on stage. The two that move up alongside are a blue violet, rather than a red violet, and then a permanent green that can stand alone on the isolated white page. From these dominants, I am able to move out into what I call subtle intermediaries, which help to lash down this vibrancy to its absorbent surface, the handmade paper.

Amadeus: I am quite sure I will not receive my answer. I prefer to let you enlarge the maze or create a labyrinth to graze in.

Jenkins-san: You are trapped now in your own words that make you deaf.

Amadeus: It is naïve effrontery to say that Mozart is deaf!
Wrong choice of word.
Jenkins-san: Light has led me deeper into mineral darkness!
Amadeus: Ah, now something of a chant is growing.
Michel: Of all the subjects to bring forth....
Hokusai: No! Perfect subject. This subject is the teacher who
tests the metal of Jenkins-san's being awake. Let us endure. Now
we can go on and we might just reach the other side of the shore
where I see the faint light of dawn. The war....
Jenkins-san: What war?
Hokusai: Why the war of the minds! The coexistence of
opposites. Nothing is fixed in the laws of warfare; they develop
based on momentum.
Mozart: Is this bedlam or lambs for bed? Or is it a lamb for a
lamb, a bed for a bed, an eye for a bed or an eye for an eye? I
want no good tooth fairy under my pillow, or else there will be a
tooth for a tooth.

*Michel (approaches him quietly, restrains him gently and guides
him to a chair):* It has been a long day. You must rest now and
just listen. You are out of context.
Hokusai: That is true.
Amadeus: I need time, that is so. I was light years away and
secretly hope now that I am close again to finding a few old
friends who were ever so young.
Hokusai: Jenkins-san, of course you know I have learned to
have patience. But then, I never had patience except with my
printers. They are, or were, my angels or guardian spirits.
Amadeus: A shout from hell! "Words can rarely tell it as it really
is, but words can leave clues behind and without these clues there
is no indication of the mind's thinking and feeling."
Jenkins-san: I set out to shoot the words down and as they land
– wounded or killed – then they bounce back to life. Now listen
to this.

"Everything is permanent in the given instant of time. This is what
the given is in the experience of the phenomenon, of its

everchanging reality. *The forever is in the moment of sensation and either you recoil from it or embrace it.*"

Hokusai: Would you say Amadeus is recoiling from it?

Jenkins-san: No. That middle-aged Mozart is refueling like a dragon and, like the moon, we are feeding him. Such a spirit tires easily but it goes on and on and on.

Hokusai: You have distracted me.

Jenkins-san: This form of destiny is not predetermined but an aspect of evolution that occurred or occurs in that moment you register and contain it, as if you capture it at just the right moment and, most importantly, when *it*, what you captured, least expects you to. *It is a concentrate caught in the ambiance of change.*

Amadeus: Is this then by way of answer?

Jenkins-san: But for all of this, the machine, the paper, the color, everything is a paring down to the essence for the fundamental purpose. Where I live, I see rough hewn beams that still support walls and ceilings. They have a purpose.

Hokusai: If I have such a meaning in your life, then why do you project me as being in hell? Until now, I have refrained and stoically endured your imagination of me against the depthless black deep-slate rag paper.

Jenkins-san: You surprise me.

Hokusai: No. I was in hell enough on earth.

Jenkins-san: These lithographs are not illustrations, they are abstract portrayals. You are not walking down a hill in hell: Bruegel, Bosch, Hubert and Jan van Eyck painted those fiery pits. *Hokusai in Hell, Bride of Baudelaire* and *Darkness at Full Moon.* You and they are the shadow of the full moon at darkness. The color against these sheets of black radiates a nacreous wetness that makes me think of stones after a heavy rain, a pervasive atmosphere of what is felt and seen, even heard, but sometimes invisible. Shadows take over from the light and recede into the paper, coming forward obliquely as an emanation.

But then I am speaking now to Michel, my advocate, who looks at Hokusai, who dares to tell me he is troubled by hell. Hokusai, I will look you straight in the eye and say that we will all go to heaven and hell but now, right now, we have heaven in hell and hell in heaven.

I suppose, Michel, that this dream or disruptive vision is a monologue that has become an incantation.

What guides me is the will to manifest a visual paradox, its law, its rigor and the variety of the phenomena it provokes. The paradox of the absolute and the ever-changing. Everything is permanent in the given instant of time. This is what the given is in the experience of the phenomenon. The forever is in the moment of sensation, and either you recoil from it or embrace it. It is not predetermined but an evolution that occurred in that moment where you register it, contain it and, I like the word, *capture* it when *it* least expects you to. It is the concentrate caught in the ambiance of change.

Yes, this is a reiteration of what I said before. That, after all, is the meaning of an incantation or mantra. You take the wheel of life and spin it even faster than it was going before so you see no more spokes, only a luminous evocation...where elements are not placed together but forced to meld, soldered by the light.

BLUE AND VIOLET

Blue has a paradox: as above so below. It is what one can be submerged in as in the depths of the sea, or take flight in. In the sky of its all embracing, endless continent, the reason its coolness is warm, is elusive...perhaps the eye of the brain is always very hot, like a small furnace which needs cooling and this very sensation of blue vastness cools the brain, bringing on a subtle warmth between the heat of the brain and the infinity freeze of Blue.

Its profound vastness reveals that other paradox: near is far and far is near. A mystic sensation which one experiences rather than hears about and which is not supposed to be either proven pragmatically or believed in irrationally. A phenomenon which opens up the passageways of the perceptions and sensations which transcend rather than descend.

It has another quality which makes itself apparent: of all colors, it seems to be the one that can endure the most adulteration and still be its own color. It can be heightened with white and still retain its thusness of being Blue, and even when tainted with an earth color, leave a strong echo of its previous identity. Yellow and Red do not have this marked characteristic.

Blue is a mystery color because you do not know where its actual strength comes from. It is a color which heightens: a blue day, blue steel, the blue of lapis, the blue sapphire, royal blue. It is the single color which suffers monochromatic intention best.

It is not possible to write about Blue without mentioning Violet. Violet enables Blue to become a further aspect of Blue's self. But they cross swords with each other. One, a color that is easily adulterated because of the introduction of Red which can make it disappear into mud at a moment's notice while the other, Blue, still retains its identity throughout. Violet came from the recesses of the cave born fractured, as might be found in the nodes which offer up the violet amethyst.

It is a color not to be trusted. One must help Violet to see to its needs but never, on pain of death, reveal your plan. It must be objective love, as Orage would say. Violet as easily kills itself as it would others. It is the fifth element from which no explanation comes. Violet has no errand of mercy. Violet simply is. Violet wants no father, no mother, no sister, no brother. With difficulty, it sees Blue and Red. Even when it is at its weakest, it cries out over the aberration which has been done to its regality. Its royal aspect looks at you from between the bars and swears to escape and reclaim its kingdom. It is just as indifferent to those who wore its royalty from Athens, Rome or Peking. *It* is *it*. And all the rest is its tail feathers, its comet trail of jewels that turn to dust glittering in the sun's descent. The sacred image. What is the sacred image? A frame of reference that existed before time, a sign from the sky, a man who assumed a fixed stance, illuminated stasis. And in contrast, the twisting elongation of the dragon, the stunning undulation of the snake, the sleepless curving force of the shark. The dual forces confronting the unknown of each other: Red and Blue.

All five figures are trying to emerge from the deepest sleep imaginable into a future unknown to them. They are creatures of Shaman's necessity, who have come from the very distant past into the unknown present and future to evolve from their primordial intimations of color into defined colors made manifest.

(extracts, character descriptions)

Blue is the slate color of stones found underneath the water.

Yellow is the baked color of ochre pottery.

Red is the color of burned autumn leaves and is looking for the green from which he came.

Green is the color of burial jade, with licks of inky brown that stain the faded apple tones.

One was jade green, burial jade with streaks of blood rust.

Another was the red of burnt lava, parched by the desert, burned on the sun's anvil.

Violet was a charcoal lavender going to ash dust in its gray cold remorseless.

Yellow, fired by the sun's rays, turned to an ochre pottery with streaks of coal dust.

And lastly, Blue, so deceptively pale and fragile she would surely fade and die before the day is out, before night begins to spin a web around her ankles.

She is the blue of the above and below, of sky and sea. When all else vanishes from sight she will remain, changing yet indelible, violent and calm as the wind whose color cannot be determined. Even if the solar wind should disappear, she will remain Blue, her intrinsic self, in total darkness. She defies the black in nature so that only the darkest blue conceivable remains.

Sᴇᴘᴛ Aꜱᴘᴇᴄᴛꜱ ᴅ'Aᴍᴀᴅᴇᴜꜱ ᴇᴛ ʟᴇꜱ Aᴜᴛʀᴇꜱ

Sᴇᴠᴇɴ Aꜱᴘᴇᴄᴛꜱ ᴏꜰ Aᴍᴀᴅᴇᴜꜱ ᴀɴᴅ ᴛʜᴇ Oᴛʜᴇʀꜱ

Toutes les lithographies ont été
tirées sur les presses de l'Atelier
Fʀᴀɴᴄᴋ Bᴏʀᴅᴀꜱ à Paris en
1991 - 1992

*Lithographs printed on the presses
of Atelier
Fʀᴀɴᴄᴋ Bᴏʀᴅᴀꜱ in Paris
1991 - 1992*

Série de 16 lithographies originales en couleurs tirées sur pierres	*Series of 16 original lithographs on stone in color*

Amadeus Listening

80 x 60 cm sur papier Rives	*31- 1/2 x 23- 1/2"on Rives paper*
Tirée à 40 exemplaires, plus:	*Edition of 40, and:*
5 épreuves d'artiste	*5 artist proofs*
1 épreuve d'atelier	*1 atelier proof*
1 épreuve Bibliothèque Nationale	*1 proof Bibliothèque Nationale*

Amadeus Trial by Fire

80 x 60 cm sur papier Rives	*31- 1/2 x 23- 1/2" on Rives paper*
Tirée à 40 exemplaires, plus:	*Edition of 40, and:*
5 épreuves d'artiste	*5 artist proofs*
1 épreuve Bibliothèque Nationale	*1 proof Bibliothèque Nationale*

Bride of Baudelaire

76 x 56 cm sur papier Arches	*30 x 22" on Arches paper*
Tirée à 40 exemplaires, plus:	*Edition of 40, and:*
10 épreuves d'artiste	*10 artist proofs*
1 épreuve d'atelier	*1 atelier proof*
1 épreuve Bibliothèque Nationale	*1 proof Bibliothèque Nationale*

Caught in the Sundial

80 x 60 cm sur papier Rives	*31- 1/2 x 23- 1/2" on Rives paper*
Tirée à 40 exemplaires, plus:	*Edition of 40, and:*
5 épreuves d'artiste	*5 artist proofs*
1 épreuve d'atelier	*1 atelier proof*
1 épreuve Bibliothèque Nationale	*1 proof Bibliothèque Nationale*

CRUCIBLE BIRTH OF AMADEUS

80 x 60 cm sur papier Rives	*31- 1/2 x 23- 1/2" on Rives paper*
Tirée à 20 exemplaires, plus:	*Edition of 20, and:*
5 épreuves d'artiste	*5 artist proofs*
1 épreuve d'atelier	*1 atelier proof*
1 épreuve Bibliothèque Nationale	*1 proof Bibliothèque Nationale*
1 épreuve d'imprimeur	*1 printer's proof*
1 épreuve non numérotée	*1 unnumbered proof*

DARKNESS AT FULL MOON

112 x 76 cm sur papier Arches	*44 x 30" on Arches paper*
Tirée à 20 exemplaires, plus:	*Edition of 20, and:*
5 épreuves d'artiste	*5 artist proofs*
1 épreuve Bibliothèque Nationale	*1 proof Bibliothèque Nationale*

DISTANCE FINDING MOZART

80 x 60 cm sur papier Rives	*31- 1/2 x 23- 1/2" on Rives paper*
Tirée à 40 exemplaires, plus:	*Edition of 40, and:*
5 épreuves d'artiste	*5 artist proofs*
2 épreuves d'atelier	*2 atelier proofs*
1 épreuve Bibliothèque Nationale	*1 proof Bibliothèque Nationale*
1 épreuve d'imprimeur	*1 printer's proof*

EXIT AMADEUS IN RED

80 x 60 cm sur papier Rives	*31- 1/2 x 23- 1/2" on Rives paper*
Tirée à 40 exemplaires, plus:	*Edition of 40, and:*
5 épreuves d'artiste	*5 artist proofs*

HOKUSAI IN HELL

112 x 76 cm sur papier Arches	*44 x 30" on Arches paper*
Tirée à 45 exemplaires, plus:	*Edition of 45, and:*
10 épreuves d'artiste	*10 artist proofs*
1 épreuve d'atelier	*1 atelier proof*
1 épreuve Bibliothèque Nationale	*1 proof Bibliothèque Nationale*
2 épreuves d'imprimeur	*2 printer's proofs*
2 épreuves non numérotées	*2 unnumbered proofs*

Mozart in Hell

80 x 60 cm sur papier Rives	*31- 1/2 x 23- 1/2" on Rives paper*
Tirée à 40 exemplaires, plus:	*Edition of 40, and:*
10 épreuves d'artiste	*10 artist proofs*
1 épreuve d'atelier	*1 atelier proof*
1 épreuve Bibliothèque Nationale	*1 proof Bibliothèque Nationale*
1 épreuve d'imprimeur	*1 printer's proof*

Mozart Metronome

80 x 60 cm sur papier Rives	*31- 1/2 x 23- 1/2" on Rives paper*
Tirée à 40 exemplaires, plus:	*Edition of 40, and:*
10 épreuves d'artiste	*10 artist proofs*
3 épreuves d'atelier	*3 atelier proofs*
1 épreuve Bibliothèque Nationale	*1 proof Bibliothèque Nationale*

Mozart Mount the Forge

80 x 60 cm sur papier Rives	*31- 1/2 x 23- 1/2" on Rives paper*
Tirée à 40 exemplaires, plus:	*Edition of 40, and:*
2 épreuves d'artiste	*2 artist proofs*
1 épreuve d'atelier	*1 atelier proof*
1 épreuve Bibliothèque Nationale	*1 proof Bibliothèque Nationale*

Mozart Tuning Fork

80 x 60 cm sur papier Rives	*31- 1/2 x 23- 1/2" on Rives paper*
Tirée à 30 exemplaires, plus:	*Edition of 30, and:*
5 épreuves d'artiste	*5 artist proofs*
1 épreuve d'atelier	*1 atelier proof*

Mozart's Father's House

120 x 80 cm sur papier Rives	*47 x 31- 1/2" on Rives paper*
Tirée à 25 exemplaires, plus:	*Edition of 25, and:*
4 épreuves d'artiste	*4 artist proofs*
1 épreuve d'atelier	*1 atelier proof*
1 épreuve Bibliothèque Nationale	*1 proof Bibliothèque Nationale*

MOZART'S FATHER'S HOUSE OF CARDS

120 x 80 cm sur papier Rives	*47 x 31-1/2" on Rives paper*
Tirée à 7 exemplaires, plus:	*Edition of 7, and:*
1 épreuve d'artiste	*1 artist proof*
1 épreuve d'atelier	*1 atelier proof*
1 épreuve Bibliothèque Nationale	*1 proof Bibliothèque Nationale*

NEAR THE SUN'S ANVIL

120 x 80 cm sur papier Rives	*47 x 31-1/2" on Rives paper*
Tirée à 25 exemplaires, plus:	*Edition of 25, and:*
5 épreuves d'artiste	*5 artist proofs*
1 épreuve Bibliothèque Nationale	*1 proof Bibliothèque Nationale*

Avec la série des éditions de *Sept Aspects d'Amadeus et les Autres*, Paul Jenkins, en utilisant les feuilles de calage, essais et macules d'imprimerie, a réalisé une série de 24 épreuves uniques, compositions inédites, toutes numérotées 1/1 et imprimées sur papier vélin de Rives au format de 80 x 60 cm

In addition to the series of editions for *Seven Aspects of Amadeus and the Others*, Paul Jenkins, using preliminary sheets and trial proofs, created a group of 24 unique proofs, each numbered 1/1 and printed on Rives vellum, 31-1/2 x 23-1/2"

Série de 8 lithographies originales	*Series of 8 original lithographs*
en noir tirées sur pierre	*on stone in black*
80 x 60 cm sur papier Rives	*31- 1/2 x 23- 1/2" on Rives paper*

AMADEUS IN BLACK N° 1

| Tirée à 20 exemplaires, plus: | *Edition of 20, and:* |
| 1 épreuve d'atelier | *1 atelier proof* |

AMADEUS IN BLACK N° 2

| Tirée à 20 exemplaires, plus: | *Edition of 20, and:* |
| 1 épreuve d'atelier | *1 atelier proof* |

AMADEUS IN BLACK N° 3

| Tirée à 20 exemplaires, plus: | *Edition of 20, and:* |
| 1 épreuve d'atelier | *1 atelier proof* |

AMADEUS IN BLACK N° 4

Tirée à 20 exemplaires, plus:	*Edition of 20, and:*
1 épreuve d'atelier	*1 atelier proof*
2 épreuves d'artiste	*2 artist proofs*
1 épreuve d'imprimeur	*1 printer's proof*

AMADEUS IN BLACK N° 5

Tirée à 20 exemplaires, plus:	*Edition of 20, and:*
1 épreuve d'atelier	*1 atelier proof*
2 épreuves d'artiste	*2 artist proofs*
1 épreuve d'imprimeur	*1 printer's proof*

AMADEUS IN BLACK N° 6

| Tirée à 20 exemplaires, plus: | *Edition of 20, and:* |
| 1 épreuve d'atelier | *1 atelier proof* |

AMADEUS IN BLACK N° 7

Tirée à 20 exemplaires, plus: *Edition of 20, and:*
1 épreuve d'atelier   *1 atelier proof*

AMADEUS IN BLACK N° 8

Tirée à 20 exemplaires, plus: *Edition of 20, and:*
1 épreuve d'atelier   *1 atelier proof*
2 épreuves d'artiste   *2 artist proofs*
1 épreuve d'imprimeur   *1 printer's proof*

Série de 6 lithographies originales *Series of 6 original lithographs*
en bleu tirées sur pierre *on stone in blue*
80 x 60 cm sur papier Rives *31- 1/2 x 23- 1/2" on Rives paper*

AMADEUS IN BLUE N° 1

Tirée à 20 exemplaires, plus: *Edition of 20, and:*
1 épreuve d'atelier *1 atelier proof*
2 épreuves d'artiste *2 artist proofs*
1 épreuve d'imprimeur *1 printer's proof*

AMADEUS IN BLUE N° 2

Tirée à 20 exemplaires, plus: *Edition of 20, and:*
1 épreuve d'atelier *1 atelier proof*

AMADEUS IN BLUE N° 3

Tirée à 20 exemplaires, plus: *Edition of 20, and:*
1 épreuve d'atelier *1 atelier proof*

AMADEUS IN BLUE N° 4

Tirée à 20 exemplaires, plus: *Edition of 20, and:*
1 épreuve d'atelier *1 atelier proof*
2 épreuves d'artiste *2 artist proofs*
1 épreuve d'imprimeur *1 printer's proof*

AMADEUS IN BLUE N° 5

Tirée à 20 exemplaires, plus: *Edition of 20, and:*
1 épreuve d'atelier *1 atelier proof*
2 épreuves d'artiste *2 artist proofs*
1 épreuve d'imprimeur *1 printer's proof*

AMADEUS IN BLUE N° 6

Tirée à 20 exemplaires, plus: *Edition of 20, and:*
1 épreuve d'atelier *1 atelier proof*
2 épreuves d'artiste *2 artist proofs*
1 épreuve d'imprimeur *1 printer's proof*

Lettre à Michel Faucher, Post-Scriptum, Bleu et Violet et *Fragments du Prisme du Chaman* écrits par

Letter to Michel Faucher, Postscript, Blue and Violet *and* Fragments from Shaman to the Prism Seen *written by*

PAUL JENKINS

avec SUZANNE DONNELLY JENKINS

Traduction en anglais de la préface de Michel Faucher

Translation into English of the preface by Michel Faucher

TRACY CHRISTOPHER

Traduction en français de la *Lettre à Michel Faucher* et du *Post-Scriptum*

Translation into French of the Letter to Michel Faucher *and the* Postscript

TRISTAN PAUL ROUX

Traduction en français de *Bleu et Violet* et de *Fragments du Prisme du Chaman*

Translation into French of Blue and Violet *and* Fragments from Shaman to the Prism Seen

PAUL VEYNE

Les versions intégrales en anglais et traduites en français par Paul Veyne du *Prisme du Chaman*, pièce chorégraphique conçue par l'artiste et présentée à l'Opéra de Paris en mai 1987, sont parues dans *Paul Jenkins: Prismes Brisés Le Prisme du Chaman*, édité par les Editions Galilée, Paris, et Imago Terrae, New York, en 1989 en coopération avec les musées de Nice à l'occasion de l'exposition des décors, aquarelles, soies et peintures de grand format à la Galerie des Ponchettes et à la Galerie d'Art Contemporain des Musées de Nice, exposition qui a eu lieu du 23 mars au 4 juin 1989.

The complete versions in English and in French, translated by Paul Veyne, of Shaman to the Prism Seen, *a dance drama conceived by the artist and presented at the Paris Opera in May 1987, is published in* Paul Jenkins: Broken Prisms Shaman to the Prism Seen, *by Editions Galilée, Paris, and Imago Terrae, New York, 1989, in conjunction with the Museums of Nice on the occasion of the exhibition of the décors, watercolors, silks and large-format paintings at the Galerie des Ponchettes et Galerie d'Art Contemporain of the Museums of Nice which took place from March 23rd to June 4th, 1989.*

Documentation concernant les lithographies
FRANCK BORDAS

Photographies
GILLES PHILIPPOT - CLAUDE GERMAIN

Conception et réalisation
SUZANNE DONNELLY JENKINS

Mise en page
CARINE MERSE

Composition
IMAGEART, Antibes
BANCAREL GRAPHIQUES, Montreuil

Photogravure
CLAIR OFFSET, Gentilly

Reliure
SOREFA, Saint-Laurent-du-Var

Achevé d'imprimer en mai 1992
sur les presses de
IMPRIMERIE BAUD, Saint-Laurent-du-Var

N° d'édition : 425

SEPT ASPECTS D'AMADEUS ET LES AUTRES ont été tirés à 4 000 exemplaires, dont 40 exemplaires accompagnés de deux lithographies originales sur pierre, tirées à l'Atelier Franck Bordas, Paris, par Nancy Sulmont, en mai 1992, numérotées et signées par l'artiste.

PHOENIX BURN, 1992   23,8×16,3 cm.
40 exemplaires sur Arches, numérotés de 1 à 40, plus 4 épreuves d'artiste, 1 épreuve d'imprimeur, 1 épreuve Bibliothèque Nationale.

EVER BLUE, 1992   23,8×16,3 cm.
40 exemplaires sur Arches, numérotés de 1 à 40, plus 7 épreuves d'artiste, 1 épreuve d'imprimeur, 1 épreuve d'atelier, 1 épreuve Bibliothèque Nationale.

Le tout constituant l'édition originale.